O menino que virou Mestre de capoeira

O menino que virou Mestre de capoeira Pastinha

Edição
Valéria Pergentino

Design e editoração
Enéas Guerra
Valéria Pergentino
Elaine Quirelli

Revisão do texto
Maria José Bacelar Guimarães

O texto desta obra fundamenta-se em relatos e entrevistas do Mestre Pastinha que constam no livro "Pastinha – O grande mestre da Capoeira Angola", volume da série "Coleção Gente da Bahia" criada e editada pela Assembleia Legislativa do Estado da Bahia, escrito pelos jornalistas José de Jesus Barreto e Otto Freitas, com trabalho de pesquisa e entrevistas do também jornalista Pedro Cavalcanti.

Dados Internacionais de Catalogação na Publicação (CIP)
(Câmara Brasileira do Livro, SP, Brasil)

Barreto, José de Jesus
O menino que virou mestre de capoeira Pastinha / José de Jesus Barreto ; Cau Gomez, ilustrações. -- Salvador, BA : Solisluna Design Editora, 2011.

ISBN 978-85-89059-44-2

1. Literatura infantojuvenil I. Gomez, Cau. II. Título.

11-11086 CDD-028.5

Índices para catálogo sistemático:

1. Literatura infantil 028.5
2. Literatura infantojuvenil 028.5

55 71 3379.6691 | 3369.2028
www.solisluna.com.br editora@solislunadesign.com.br

O menino que virou Mestre de capoeira

José de Jesus Barreto **Cau Gomez** *ilustrações*

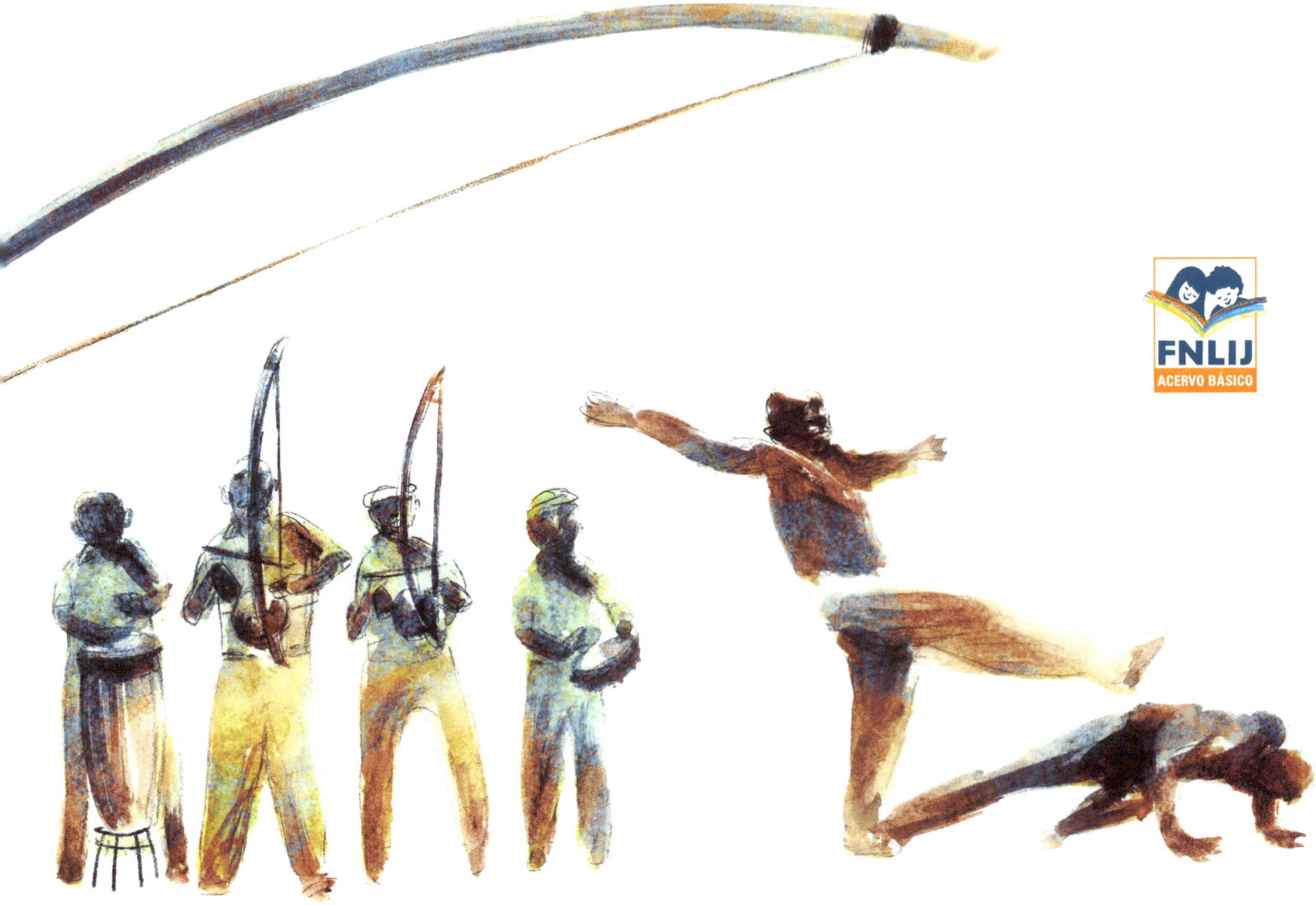

FNLIJ
ACERVO BÁSICO

O menino batizado com o nome de Vicente Ferreira Pastinha nasceu num sobrado antigo da rua do Tijolo, no Pelourinho, Centro Histórico de Salvador na Bahia, no dia 5 de abril de 1889. Era filho de um pequeno comerciante de origem espanhola e de uma negra descendente de escravos, nascida na cidade de Santo Amaro da Purificação.

A mãe vendia acarajé e lavava roupa de ganho para famílias mais endinheiradas.

O país mal tinha saído do regime da escravidão, quando ele nasceu, e a capital da Bahia tinha cerca de 150 mil habitantes. A maioria era de afrodescendentes e pobres.

Àquela época, as famílias tradicionais brancas que moravam nos sobrados do Pelourinho estavam de mudança para casas maiores, com varanda e quintal, no Corredor da Vitória e bairro da Graça.

O casario do Pelourinho, então, foi sendo ocupado pelo comércio, oficinas e toda sorte de serviços – lojas de tecidos, alfaiatarias, sapatarias, barbearias, estofarias, ferreiros, carpinteiros, santeiros, artesãos... e muitos bares, armazéns, bodegas e pensionatos, moradas de aluguel...

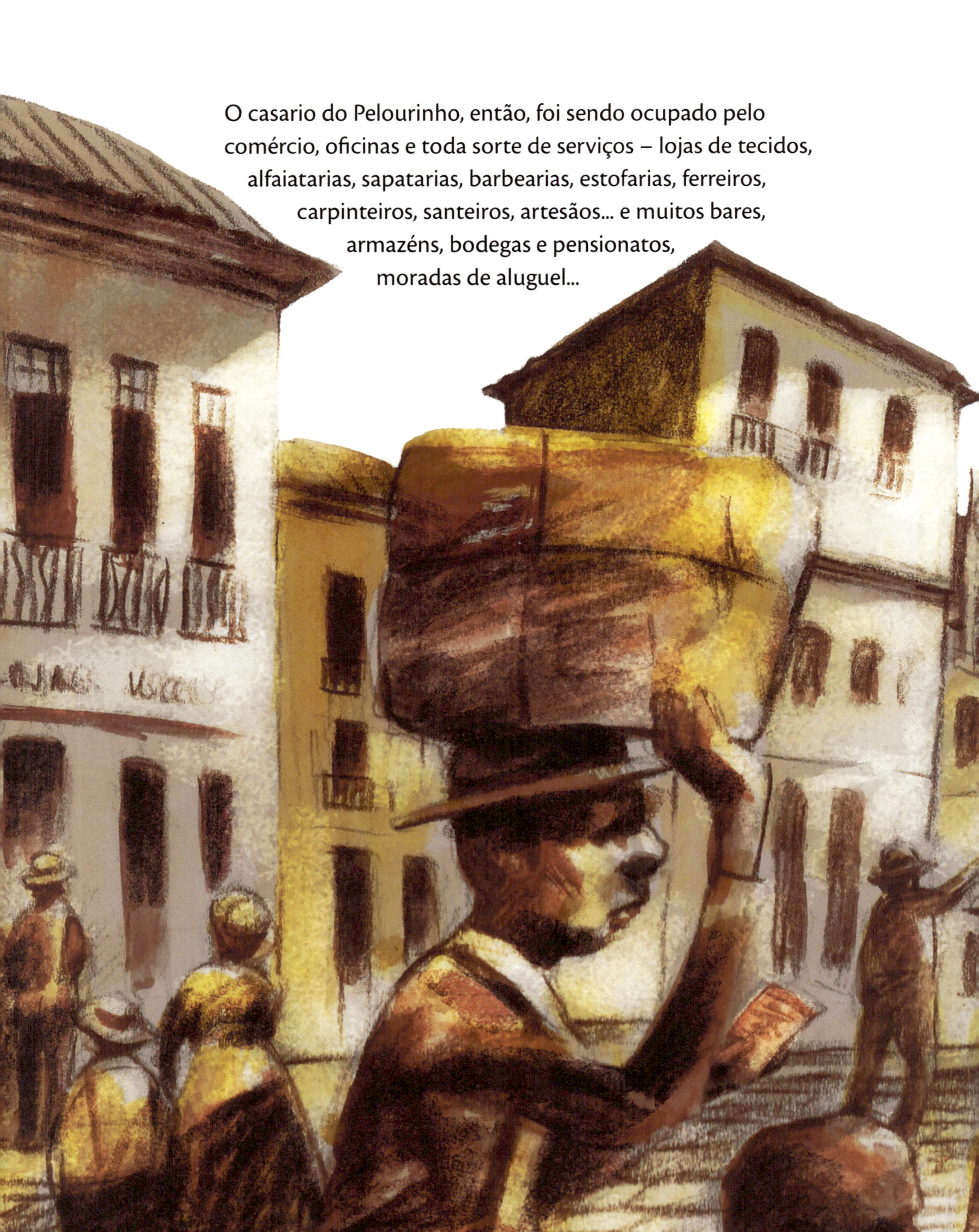

Tecidos
SAPATOS

Foi nesse ambiente popular e agitado
que o menino Pastinha cresceu.

Vivia a vadiar jogando bolinhas de gude e empinando arraia pelas ruas, mas frequentava também as aulas do Liceu de Artes e Ofícios, que funcionava num casarão mais acima, próximo da Praça da Sé.

Era uma criança miúda, inteligente e esperta que sonhava ser pintor, um artista. Mesmo mirradinho, era um menino marrento que não baixava a cabeça diante das provocações dos garotos mais velhos e mais corpulentos que ele.

Foi por causa desse temperamento altivo, genioso e das encrencas de rua com um colega de brincadeiras que ele conheceu o negro alforriado (liberto) africano chamado Benedito. Era um ex-escravo de origem banto que morava na casa de número 26 da Rua das Laranjeiras, no caminho de casa do menino Pastinha, que ainda vestia calça curta. Pois foi o velho Benedito que lhe ensinou a Capoeira. E esses ensinamentos mudaram para sempre a sua vida.

Um dia, da janela de sua casa, o velho africano assistiu a uma briga das crianças.

O próprio Pastinha contou assim como tudo aconteceu:
Eu aprendi com a sorte. Quando tinha uns 10 anos – eu era franzininho –, um outro menino mais taludo do que eu tornou-se meu rival. Era só eu sair para a rua – ia na venda fazer compra, por exemplo – e a gente se pegava em briga.

Só sei que acabava apanhando dele, sempre. Então eu ia chorar escondidinho, de vergonha e tristeza.

– Vem cá, meu filho, ele me disse, vendo que eu chorava de raiva depois de apanhar. "Você não pode com ele, porque ele é maior e tem mais idade. O tempo que você perde empinando raia vem aqui para o meu canzuá [que na língua banto significa casa] que vou lhe ensinar coisa de muita valia". Foi isso que o velho me disse e eu fui.

O velho africano chamava-se Benedito, era um grande africano e, quando me ensinou o jogo, tinha mais idade do que eu hoje (mais de 70 anos).

Ele costumava dizer: “Não provoque o menino, vá devagarzinho botando ele sabedor do que você sabe”.

Então ele me ensinou a jogar capoeira, todo dia um pouco e aprendi tudo.

Na última vez que o menino me atacou, de um só golpe, fiz ele sabedor do que eu era capaz. E acabou-se meu rival; o menino ficou até meu amigo, de admiração e respeito.

O Mestre Pastinha jamais esqueceu do preto velho Benedito, com quem aprendeu os primeiros passos, os truques, a malícia, os segredos da Capoeira Angola. Sempre reverenciou a memória de seu "mestre" e sempre citava o velho, repetindo para seus alunos: Aprendi que o bom capoeirista fica no seu canto, quieto, calado... porque, na capoeira, a surpresa é fundamento.

Antes de completar 13 anos, o adolescente Pastinha entrou na Escola de Aprendizes de Marinheiros, que era, à época, uma espécie de centro de apoio para menores pobres em situação de risco. E de lá Pastinha saiu já adulto, com 20 anos.

Era um homem pequeno, 1,58 cm de altura apenas, mas forte e muito ágil. Da Marinha saiu letrado, sabedor de muitas artes. Hábil no manejo das armas (inclusive espadas, facas, navalhas) e dos pincéis, pois gostava de pintura. E também conhecedor de alguns instrumentos musicais: amava a música, tocava com maestria o berimbau e o pandeiro e participou da famosa banda da Escola de Aprendizes de Marinheiros.

No meio dos marujos muito aprendeu e muito ensinou da sua arte maior de todas: a Capoeira Angola. Sentia-se, então, já um homem preparado para enfrentar o mundo.

Mas a vida dos pretos e mulatos pobres naquela Salvador do início do século XX, já não era nada fácil. E foi muito difícil, mesmo para o jovem e destemido Pastinha, ganhar a vida depois que saiu da Marinha, por volta dos anos 1910.

A capoeira, nesse tempo, era considerada uma atividade de marginais e capoeiristas (ou capoeiras) foram perseguidos como perigosos bandidos.

As rodas de capoeira aconteciam, então, às escondidas, em bairros distantes, locais reservados. E a brincadeira acabava quando alguém avisava que "lá vinha a tropa". Houve muita pancadaria entre policiais e capoeiristas que, se fosse preciso, enfrentavam a pernadas e malícia os chamados "homens da lei".

Assim sendo, foi às escondidas que o jovem Pastinha formou seus primeiros alunos, liderou suas rodas e agrupou os pioneiros camaradas angoleiros. Na turma, que se impunha, às vezes, na base da porrada, tinha até mulheres valentonas, como Maria Homem, Palmeirona, Julia Fogareira... as mais famosas.

O mestre relembrava daqueles tempos e contava, sorrindo: "Naquela época, os vestidos arrastavam no chão. As mulheres rasgavam suas saias do lado, uniam a parte de trás com a frente, prendendo-as com uma presilha na cintura, formando uma espécie de calção. Era o bastante para jogar capoeira como qualquer elemento do sexo masculino".

A capoeira de Angola

A ginga, na capoeira, nasce com o ritmo do toque do berimbau, o instrumento que comanda o ritual da roda do jogo. Na roda da Capoeira Angola, a bateria de instrumentos é geralmente formada por três berimbaus: um, maior e mais grave, chamado gunga, que comanda; um médio, também chamado de berra-boi; e o menor, e mais agudo, chamado viola. Acompanham ainda pandeiros, atabaque, agogô, reco-reco e chocalhos.

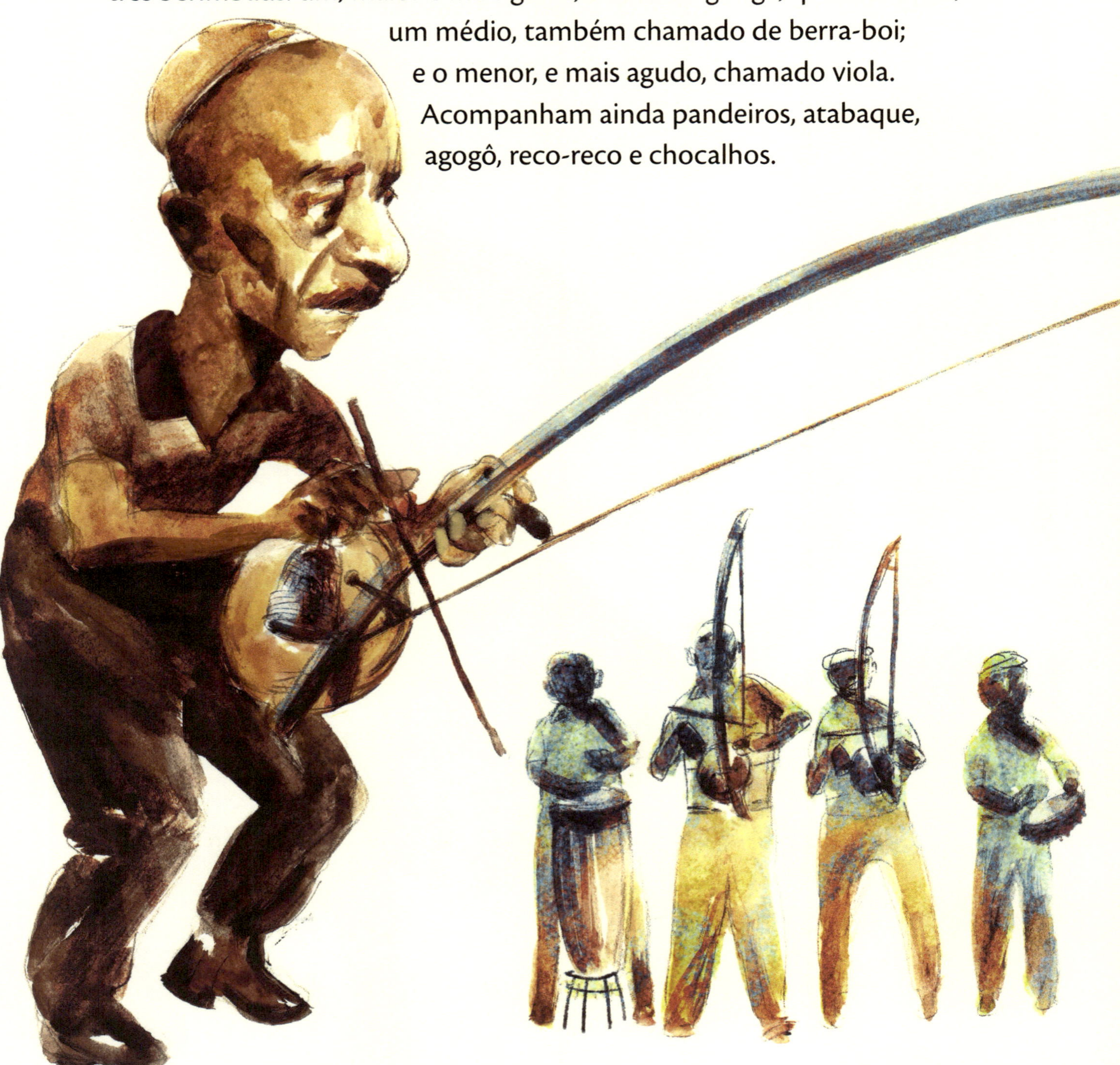

A palavra ginga, em capoeira, significa uma perfeita coordenação de movimentos do corpo que o capoeirista executa com o objetivo de distrair a atenção do adversário para torná-lo vulnerável... É na ginga que se encontra a extraordinária malícia da capoeira. A ginga tem ainda o mérito de desenvolver o equilíbrio do corpo, emprestando-lhe suavidade e graças próprias de um bailarino.

O fundamental no jogo é mesmo o berimbau.

A origem desse instrumento é angolana. O nome berimbau é do idioma quimbundo, até hoje falado por tribos no interior de Angola. Mas o berimbau trazido pelos escravos bantos para o recôncavo baiano mais parecia uma harpa de boca, de formato diferente do berimbau baiano, também conhecido como berimbau de peito ou de barriga.

O nosso berimbau é feito com uma vara de beriba (um pau resistente, que enverga mas não racha) em arco, retesada, tensionada com um arame, e mais uma caixa de ressonância de cabaça.

O fio é tangido por uma vareta e pressionado por um bordão. Nos dedos da mão que segura a vareta, o tocador prende o caxixi (instrumento percussivo de palha de origem africana), que marca o ritmo. A sonoridade varia de acordo com o eco que se consegue ao encostar e afastar a boca da cabaça da barriga do tocador. Não é um instrumento fácil de ser tocado, mas é indispensável ao aprendizado e todo capoeirista deve saber tocá-lo, como dizia Pastinha.

A roda do jogo de Capoeira Angola é parecida com um ritual. Até lembra o xirê, roda inicial dançante em rituais nos terreiros de candomblé. Os capoeiristas ficam em pé, de um lado e do outro da bateria, formando uma meia-lua, enquanto a assistência fecha a roda, em frente. O gunga (principal berimbau da roda) dá os primeiros toques, seguido pelos outros berimbaus, pandeiros e o resto da bateria.

À frente dos berimbaus, de cabeça baixa, respeitosamente, um diante do outro, os contendores acocorados e concentrados ouvem a "ladainha", que é um cântico de louvação, uma reza. Na sequência, o gunga dita um ritmo um pouco mais forte e começa o canto de entrada, chamado de chula, quando o mestre puxa a cantoria e todos os integrantes da roda respondem. Então, ainda agachados, os jogadores tocam os dedos da mão direita no chão, fazem o sinal da cruz, cumprimentam-se e dão início à ginga do jogo.

Começam com movimentos rasteiros, os chamados golpes de baixo. Parece um enrosco de pernas e braços, as mãos sempre protegendo o rosto das pernadas adversárias. É nessa hora que se vê o bom angoleiro, aquele que toca o solo apenas com a palma das mãos e a planta dos pés, "não suja o linho branco" (como se dizia nos tempos em que se entrava na roda usando a melhor roupa domingueira). Depois, já em pé, num ritmo mais acelerado, desenvolve-se o resto do jogo, com variações infinitas de golpes e contragolpes, em compasso de dança.

Os golpes da luta

Meia lua » esse nome foi criado em função do movimento de semicírculo da perna em direção do adversário. O golpe pode ser aplicado com a direita ou a esquerda, para um lado ou para o outro, de acordo com a conveniência e os movimentos do antagonista.

Bananeira » equilibrado sobre as mãos plantadas no solo, pernas para o alto, o capoeirista tem a possibilidade de girar e atacar com os pés para qualquer lado, ou de cima para baixo.

Aú » com as mãos no solo e as pernas pro alto, o corpo gira lateralmente com o impulso, em saltos. Muito usado numa luta contra mais de um adversário.

Benção ou chapa de frente » o pé é estendido, com velocidade, para a frente, visando o tórax e/ou a cabeça do adversário. É um golpe perigoso.

Chapa de costas » é o mesmo tipo de pernada aplicada na "benção", só que, maliciosamente, é dado já de costas para o adversário, como se fosse um coice (de mula ou de zebra). Geralmente o capoeirista finge que vai desistir da refrega, sair do combate e, quando o outro se distrai... recebe a chapa. É também muito perigoso.

Cabeçada » deve ser aplicada com segurança, quando o adversário se aproxima demais. Geralmente é um golpe duro e traiçoeiro.

Rabo de arraia » aplicado com a perna em movimento giratório, em forma de chicotada, visa atingir o adversário com a parte externa do pé. É muito usado no jogo rasteiro, quando a luta parece um enrosco de corpos, pernas e braços, rente ao solo.

Cutilada » golpe sempre doloroso, aplicado com a mão em forma de cutelo, quando o adversário está próximo e deixa alguma parte do corpo vulnerável. Decisivo.

Pastinha e Jorge Amado, na sua escola de capoeira no Pelourinho, 1961 - Foto Zélia Gattai

Este livro foi editado pela
Solisluna Design Editora, no Brasil
e vendido internacionalmente
pela Buobooks.

www.ingramcontent.com/pod-product-compliance
Ingram Content Group UK Ltd.
Pitfield, Milton Keynes, MK11 3LW, UK
UKHW060122300726
14090UKWH00002B/317

* 9 7 8 8 5 8 9 0 5 9 4 4 2 *